HISTOIRE

D'UNE

ÉMISSION

INTERPELLATION

A M. HORACE DE CHOISEUL

SOUS-SECRÉTAIRE D'ÉTAT

AU DÉPARTEMENT DES AFFAIRES ÉTRANGÈRES

RELATIVEMENT

A UN RÉCENT EMPRUNT PORTUGAIS

(18-22 Décembre 1880)

PARIS

LIBRAIRIE MODERNE, 17, boulevard Montmartre.

1881

AVIS IMPORTANT

Le lecteur est instamment prié **d'observer avec soin les dates et les coïncidences mises en relief par le sommaire suivant;** *l'intérêt de ce travail y étant attaché.*

Actualité du sujet.

LES EMPRUNTS ÉTRANGERS
AU MINISTÈRE DES AFFAIRES ÉTRANGÈRES

HISTOIRE

D'UNE

ÉMISSION

INTERPELLATION

A M. HORACE DE CHOISEUL

SOUS-SECRÉTAIRE D'ÉTAT

AU DÉPARTEMENT DES AFFAIRES ÉTRANGÉRES

RELATIVEMENT

A UN RÉCENT EMPRUNT PORTUGAIS

(18-22 Décembre 1880)

PARIS

LIBRAIRIE MODERNE, 17, boulevard Montmartre.

1881

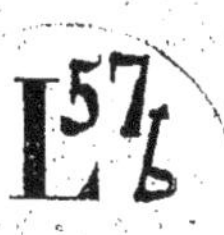

HISTOIRE

D'UNE

ÉMISSION

ACTUALITÉ DU SUJET

Les intérêts français et les Emprunts Étrangers au ministère des affaires Étrangères.

On s'étonne dans le monde financier des circonstances toutes particulières dans lesquelles vient de se produire *une nouvelle tentative pour lancer à Paris un Emprunt Portugais.*

On s'explique difficilement surtout qu'un **gouvernement** *dont la conduite envers ses prêteurs* **vient d'être sévèrement qualifiée tant par les tribunaux français que par une récente décision parlementaire,** ait pu rencontrer au moment voulu, *l'appui du ministère des affaires Étrangères,* pour lui permettre d'essayer un nouvel emprunt de DEUX CENT MILLIONS, et obtenir ensuite pour cet emprunt *les avantages de la cote officielle, le tout, sans avoir préalablement fait droit aux réclamations des nationaux.*

Quoique l'*Emprunt Portugais* en question paraisse avoir aussi complètement échoué que son aîné de 1879, *toujours avec le même semblant de répartition* qui n'a pas plus trompé en 1880 qu'il n'avait trompé en 1879, il n'en importe pas moins au public français de juger si ses intérêts *sont suffisamment sauvegardés contre les manœuvres des gouvernements étrangers.*

Aussi à la séance du 21 décembre 1880, LA CHAMBRE DES DÉPUTÉS a-t-elle reçu communication d'une INTERPELLATION adressée à M. le *Ministre des affaires étrangères* concernant les circonstances particulières où vient de se faire cette récente émission d'un emprunt portugais à Paris.

La Chambre allant se séparer, la discussion en a été remise à la session prochaine.

I

Comment la Chambre avait été saisie de la question
15 mars 1880.

Le 15 mars 1880, au cours d'un procès récent que les souscripteurs français de l'emprunt portugais 1832 ont soutenu et gagné contre le gouvernement portugais, la Chambre des députés avait été saisie d'une pétition avec l'intitulé suivant :

LES MEMBRES DE LA COMMISSION SYNDICALE DES PORTEURS DE TITRES DE **L'EMPRUNT DE PORTUGAL** DE 1832, DOMICILIÉS A PARIS, s'adressent à la haute intervention de la Chambre, pour obtenir que le Gouvernement de la République française prenne en mains *énergiquement* la défense des intérêts nationaux qu'ils représentent, et provoque enfin, de la part du Gouvernement portugais, *la liquidation de cet emprunt.*

Cette pétition inscrite sous le n° 2186 fut renvoyée à la 19e commission de pétition ainsi composée :

10e Bureau. MM. **Daron**, *député de Saône-et-Loire*, Président.
11e — Franconie, *député de la Guyane française*, Secrétaire.
1er Bureau. MM. Marion, *député de l'Isère*, Rapporteur.
2e — de Gasté, *député du Finistère*.
3e — Riran, *député d'Ille-et-Vilaine*.
4e — Belon, *député de la Lozère*.
5e — Plessier, *député de Seine-et-Marne*.
6e — Le Maguet, *député du Morbihan*.
7e — Nadaud, *député de la Creuse*.
8e — Buyat, *député de l'Isère*.
9e — Naquet, *député de Vaucluse*.

Le rapport signé a *l'unanimité* par la 19e commission fut présenté le 10 juin à la Chambre (feuilleton du 16 juin, pages 28 à 32) et adopté définitivement aux termes de l'art. 66 du règlement le 10 juillet suivant.

II

Conclusion de la 19e Commission parlementaire adoptée et renvoyée au Ministre des affaires étrangères.
10 juillet 1880.

(Extrait du *Journal officiel* du 12 juillet 1880.)

. . . « Au mois d'octobre 1832, sous le règne de Dom Miguel Ier, le Gouvernement portugais négociait avec des Banquiers de Paris, MM. Outrequin et Jauge, un emprunt de 40 millions de francs, divisé en 40,000 obligations de 1,000 francs, rapportant 50 francs d'intérêts, et remboursables en 32 années successives, par voie de tirages annuels : l'émission des titres eut lieu *publiquement* à la Bourse de Paris, le 3 avril 1833.

« Les trois premiers semestres d'intérêt furent payés, et la quatorzième série d'obligations de 1250 titres, désignée par le sort, fut remboursée en septembre 1833, *conformément au contrat*.

« Depuis lors, le Gouvernement portugais a suspendu complètement le service de cet **Emprunt d'État.** . . . . .

« Il suffira de dire par suite de quelles circonstances nouvelles, cette affaire déjà si ancienne **s'impose de nouveau à l'attention des pouvoirs publics,** et *cette fois avec des chances sérieuses de solution.*

« Au mois d'août 1879, le Portugal chargea *le Comptoir d'Escompte* français d'émettre à Paris un nouvel emprunt de 38 millions ; cette opération financière, patronnée par un établissement de crédit de premier ordre, *aurait certainement réussi,* sans *l'intervention hostile* de la commission syndicale de l'Emprunt de 1832, qui *crut de son devoir de rappeler au public,* par voie d'affiches que l'Emprunt royal 5 0/0 portugais, de 1832, *était toujours en souffrance.*

« Le Gouvernement portugais, ainsi mis en demeure, se prétendit diffamé, et intenta contre le syndicat, une action correctionnelle. Un jugement, rendu le 8 janvier dernier par le Tribunal de première instance de la Seine, a donné raison au syndicat en l'acquittant complètement ; l'appel de ce jugement formé par le Gouvernement portugais est aujourd'hui pendant devant la cour de Paris. C'est dans cet état de choses que les intéressés ont cru devoir s'adresser à la haute intervention de la Chambre pour obtenir que le Gouvernement de la République intervienne auprès du Gouvernement portugais, pour obtenir enfin la liquidation de l'Emprunt de 1832.

« La 19ᵉ Commission, saisie de cette importante affaire, après avoir pris connaissance des nombreux documents qui lui ont été soumis, n'a pas hésité à reconnaître, avec tous les jurisconsultes précédemment consultés, qu'en principe et en droit, les réclamations des porteurs de titres de l'Emprunt portugais de 1832, *étaient fondées,* mais elle n'a pas pu méconnaître que toute nouvelle intervention diplomatique échouerait nécessairement, si les prétentions des intéressés n'étaient pas réduites aux proportions les plus modestes, et si les réclamations du Gouvernement français ne se concentraient pas sur un point *limité, précis et indiscutable,* échappant aux controverses du droit international, *ne relevant, pour ainsi dire, que de la probité la plus vulgaire.* . . . . .

« En laissant de côté la question de savoir si Dom Miguel, **en possession depuis six années du pouvoir royal, a pu valablement engager ses successeurs au trône et la nation portugaise pour les sommes qu'il a empruntées et touchées lui-même de prêteurs étrangers,** il est prouvé et il *ne* *peut pas être contesté* que le Portugal doit aux porteurs de l'emprunt de 1832 une somme de 2 millions de francs touchée de 1834 à 1842, **PLUS LES INTÉRÊTS DE CETTE SOMME, DEPUIS L'ÉPOQUE DE L'ENCAISSEMENT.**

« En conséquence, la 19ᵉ Commission des Pétitions est d'avis que la réclamation des membres de la Commission syndicale des porteurs de titres de l'emprunt portugais 5 0/0, de 1832, réduite aux proportions ci-dessus indiquées, c'est-à-dire à la revendication des sommes touchées par le gouvernement de Dona Maria, après la chute de Dom Miguel, et des intérêts de ces sommes **est absolument fondée et légitime, que le Gouvernement français** doit employer **toute son influence** pour la soutenir vis-à-vis du **Gouvernement portugais qui ne pourra se soustraire** *à cette sage transaction* **sans manquer, nous le répétons,** *à la* **PROBITÉ LA PLUS VULGAIRE, ET S'EXPOSER A PERDRE TOUT CRÉDIT EN EUROPE.**

« La 19ᵉ Commission, à **L'UNANIMITÉ**, a l'honneur de proposer le renvoi de cette pétition à M. le Ministre des affaires étrangères (*Renvoi au Ministre des affaires étrangères*). »

III

Décisions judiciaires intervenues à l'appui de cette résolution de la Chambre.

17 juillet 1880.

Cinq jours après cette résolution adoptée par la Chambre, le 17 juillet 1880, le procès pendant depuis onze mois entre le gouvernement portugais et ses créanciers se dénouait définitivement devant la cour d'appel de Paris par un arrêt qui, confirmant le jugement de première instance, condamnait le gouvernement portugais :

JUGEMENT DU TRIBUNAL DE LA SEINE

Président : **M. LŒW** (1).

8 Janvier 1880.

Le Tribunal :.....

« Attendu qu'il importe de rappeler que l'emprunt portugais en question a été contracté en 1832 sous le règne du roi D. Miguel Iᵉʳ, alors en possession paisible DU POUVOIR QUE LES CORTÈS LUI AVAIENT DÉFÉRÉ LE 11 JUILLET 1828, et qu'il a été publiquement émis et coté à la Bourse de Paris au mois d'avril 1833 ;

« Que d'autre part une partie des fonds provenant de cette opération est entrée dans la caisse du gouvernement qui a succédé à celui du roi D. Miguel Iᵉʳ ;

« Que pour faciliter l'encaissement de ces fonds, le nouveau gouvernement a, à deux reprises, en 1833 et en 1840, OFFICIELLEMENT DÉCLARÉ que toutes sommes recouvrées ou à recouvrer seraient réparties entre ceux auxquels elles appartiennent ;

« Que conformément à ces déclarations, ces sommes figurèrent aux budgets portugais, dans un chapitre spécial des recettes extraordinaires jusqu'en 1841, époque où ce chapitre disparut et où les ressources provenant de l'emprunt furent confondues dans la masse du budget ;

« Qu'enfin depuis 1835, le service de l'emprunt a été arrêté.....

« Que l'on ne peut oublier davantage que toute justice régulière étant fermée aux porteurs de l'emprunt l'unique arbitre entre eux et le Portugal, étant le Portugal lui-même, le jugement de l'opinion publique, était le seul auquel ils pussent recourir, et qu'il y aurait DÉNI DE JUSTICE à leur imputer à faute de l'avoir provoqué ;.....

« Attendu, d'ailleurs, que l'on ne peut exiger D'UN CRÉANCIER D'ÉTAT IMPAYÉ, la même réserve que celle qui s'impose entre créanciers et débiteurs privés, la situation d'un État comme aussi LES GARANTIES DE

____

1. Actuellement *Procureur de la République à Paris.*

SOLVABILITÉ qu'il peut offrir **RESSORTANT AVANT TOUT DE LA PUBLICITÉ** ;.....

« **CONDAMNE LE GOUVERNEMENT PORTUGAIS** à tous les dépens. »

ARRET DE LA COUR DE PARIS
Confirmant ce jugement.

17 Juillet 1880.

La Cour :.....

« Sans s'arrêter aux conclusions des parties tendant, dans des buts et à des points de vue divers, à l'appréciation de :

L'ATTITUDE du Gouvernement portugais vis-à-vis des porteurs des obligations de **L'EMPRUNT PORTUGAIS DE 1832,** conclusions désormais sans objets ;

CONFIRME LE JUGEMENT DONT EST APPEL. Lequel sera exécuté **SELON SA FORME ET TENEUR ;**

« **CONDAMNE LE GOUVERNEMENT PORTUGAIS** aux dépens de première instance et d'appel. »

Une résolution parlementaire adoptée à l'unanimité, une double décision judiciaire obtenue après neuf audiences consécutives paraissaient devoir assurer définitivement aux malheureux actionnaires du Portugal la protection bienveillante du *Ministère des affaires étrangères.*

Aussi les pétitionnaires s'empressèrent-ils de porter leur affaire devant le *Comité consultatif* du contentieux fonctionnant à ce département sous la présidence d'un éminent jurisconsulte qui s'était autrefois constitué le défenseur de leurs droits, Me DUFAURE.

C'était au mois d'août 1880.

Malheureusement les vacances parlementaires suspendaient aussitôt les réunions de ce *Comité,* et toutes démarches effectives auprès du gouvernement portugais se trouvèrent par le fait ajournées.

IV

Comment une transaction préalable s'imposait avant l'émission d'un nouvel emprunt portugais à Paris.

Les circonstances se prêtaient au règlement de cette affaire, et l'intervention protectrice du Gouvernement français promettait d'être facile. C'était à Paris et non en Portugal qu'elle allait pouvoir s'exercer.

En effet, plus que jamais le Gouvernement Portugais était sans ressources. Il lui fallait immédiatement un emprunt de DEUX CENT VINGT MILLIONS pour combler ses déficits (1). Où trouver de l'argent *sinon en France* et comment essayer une nouvelle émission **en présence des décisions judiciaires** qui avaient été le résultat d'une tentative précédente?

Ne valait-il pas mieux tout d'abord accorder satisfaction à d'anciens créanciers français pour disposer ensuite librement de tous les avantages du marché de Paris.

En outre, l'admission à la cote officielle qu'on était parvenu à surprendre une première fois (2) ne serait-elle pas vraisemblablement ajournée devant **la récente décision de la Chambre?**

Toutes considérations puissantes pour que le Gouvernement portugais voulût en finir.

---

1. Le Portugal qui a *145 millions de recettes et une dette d'environ deux milliards et demi* fait tous les ans un emprunt pour combler les déficits.

2. La cote a été *surprise* en septembre 1879 à M. le Ministre des finances, par le moyen suivant, *malgré une opposition en règle :*

Le procès entre le Gouvernement portugais et ses créanciers ayant débuté *par un jugement par défaut qui donnait complètement raison au Gouvernement portugais,* la Chambre syndicale des agents de change écrivit aussitôt à M. le Ministre des finances que les diffamateurs du Portugal *étant condamnés en police correctionnelle* (**sans ajouter par défaut**) *il n'y avait plus lieu de susprendre l'admission à la cote.*

TROIS MOIS APRÈS CE JUGEMENT ÉTAIT RÉFORMÉ, *mais la cote avait été obtenue!*

Le Directeur du Comptoir d'Escompte lui-même demandait à M. de Freycinet, alors ministre des affaires étrangères, de presser cet arrangement dont il reconnaissait la nécessité.

V

Arbitrage proposé au Gouvernement portugais par l'intermédiaire des affaires étrangères. Réponse officielle du Ministre à la Chambre renvoyée à deux mois.

Dès la fin des vacances parlementaires, en novembre 1880, les créanciers du Portugal pensant à juste titre que le futur emprunt portugais devait leur ménager une transaction, s'empressèrent de poursuivre auprès du *Comité consultatif* du contentieux la suite de leur réclamation.

A M. de Freycinet venaient de succéder MM. B. Saint-Hilaire et de Choiseul.

Le *12 novembre*, les pétitionnaires furent avisés qu'il n'était pas nécessaire que le *Comité consultatif* fût saisi de leur affaire pour qu'on lui donnât suite immédiatement. On leur faisait savoir que le *Département des affaires étrangères* voulait bien se charger de transmettre au Gouvernement portugais par l'intermédiaire de son représentant de Lisbonne *une demande d'arbitrage pour déterminer les bases de la liquidation à intervenir.*

Sachant aussi que le Ministère devait une lettre *officielle au président de la Chambre* pour indiquer la suite donnée à la réclamation, les pétitionnaires s'informèrent *en même temps quand viendrait cette lettre?* Il fut répondu que, les bureaux étant surchargés de besogne, cette lettre ne serait pas rédigée avant *six semaines ou deux mois,* c'est-à-dire *pas avant l'expiration des six mois* que le ministre avait pour répondre, que du reste *elle ne pouvait manquer de leur être favorable.*

VI

Traité provisoire signé à Lisbonne
entre le Gouvernement portugais et le Comptoir d'Escompte.
15 novembre 1880.

Au même instant, trois banques françaises négociaient avec le Gouvernement portugais : *la Société financière, la Banque nationale et le Comptoir d'Escompte.*

Les deux premières exigeaient *comme condition de leur concours,* qu'une transaction intervînt avec les obligataires de 1832.

Le *Comptoir d'Escompte* seul, oubliant tout d'un coup et son échec de 1879, et les suites de cet échec, et les propres instances de son directeur pour presser la liquidation de 1832, ne craignit pas de s'engager dans une nouvelle affaire avec le Portugal sans tenir à la condition imposée par ses concurrents.

LE 16 NOVEMBRE 1880, *à minuit,* son représentant à Lisbonne **signait un contrat provisoire pour l'émission de l'emprunt à Paris.**

VII

Obstacles pour la publicité et la cote du futur
emprunt portugais.

Il fallait pour cette émission la publicité des journaux. Il fallait en outre s'ouvrir un nouveau chemin pour obtenir la cote officielle.

Or l'admission à la cote officielle ne devant pas être accordée par les affaires étrangères dans le cas où il existe une *réclamation en instance* contre le Gouvernement emprunteur, y avait-il chance que devant la résolution de la Chambre du 12 juillet 1880 on pût l'obtenir?

La situation était bien autrement difficile que lors de la tentative précédente. En 1879, on avait compté s'appuyer sur un Rapport de 1862 que les bureaux des affaires étrangères avaient autrefois rédigé pour se débarasser de ces réclamations fatigantes. Ce rapport lu au Sénat impérial par M. Bonjean *avait conclu à la suspension de l'instance diplomatique*. Dès lors il n'y avait plus de raison pour que le département des affaires étrangères refusât la cote officielle.

Mais aujourd'hui que restait-il de ce Rapport? Les assertions du Gouvernement portugais qui y étaient reproduites venaient de tomber une à une devant la publicité des débats judiciaires *et un jugement célèbre les avait pour jamais anéanties.*

Donc plus de Rapport Bonjean, partant ni publicité ni cote.

Pouvait-on cependant le ressusciter?

VIII

Comment ces obstacles sont aplanis tout d'un coup par l'apparition d'une lettre ministérielle faisant revivre un document annulé par les tribunaux et la chambre des Députés.

23 novembre 1880.

Huit jours après la signature du traité provisoire, le 23 novembre 1880, apparaissait subitement la lettre officielle du ministre à la Chambre annoncée tout à l'heure pour six semaines plus tard.

Cette lettre était la mise à néant immédiate de tous obs-

tacles à l'emprunt portugais, par la *réintégration officielle
du Rapport Bonjean*, au lieu et place de la résolution de la
Chambre.

Avec cette différence toutefois *très aggravante pour l'a-*
venir des intérêts français que par la lettre même qui sert
d'introduction au Rapport Bonjean, le ministre déclare
*s'approprier directement et couvrir de sa sanction person-
nelle*, toutes les fins de non recevoir du Gouvernement portugais *que M. Bonjean n'avait voulu donner qu'à titre de
simple renseignement*. Donc si le Gouvernement portugais
avait perdu une arme, on lui en rendait deux, et cela la
veille même du jour où il cherchait à jeter sur le marché
français *un Emprunt de 219 millions de francs*.

Est-il inutile de signaler aussi ce fait singulier **que
beaucoup des phrases mêmes qu'on va lire ci-après,**
paraissent **empruntées mot à mot** à la propre défense
du Gouvernement portugais devant les tribunaux?

Lettre de M. le Ministre des Affaires Étrangères *à M. le
Président de la Chambre des Députés en réponse à la décision
de la Chambre en date du 12 juillet 1880.*

Paris, le 23 novembre 1880.

Monsieur le Président,.....

La demande des intéressés suggère une observation qu'il n'est
peut-être pas inutile de rappeler dès le début : c'est qu'en principe
et à défaut de conventions spéciales, le Gouvernement n'est pas en-
gagé par les transactions financières que ses nationaux tentent avec
l'Étranger ; qu'il leur appartient de peser les garanties offertes, et
que les mécomptes auxquels ils s'exposent en vue d'un *bénéfice ou
de tout autre résultat aléatoire*, ne sont pas de nature à leur ouvrir
nécessairement un droit à la protection diplomatique, le Gouvernement restant libre d'apprécier s'il est juste et politique d'intervenir
en leur faveur. Dans l'espèce, cette question a été résolue contrai-
rement aux vœux des pétitionnaires par les divers Gouvernements
qui se sont succédé en France depuis quarante années. *Les motifs
sont exposés dans le rapport présenté au Sénat impérial en 1862,
par M. le Président Bonjean, et dont je crois devoir remettre le*

texte sous les yeux de la Chambre. L'examen auquel j'ai moi-même soumis les éléments du débat *ne m'a pas permis,* je dois le dire, *d'arriver à d'autres conclusions.* L'emprunt de 40 millions, qui est demeuré en souffrance, a été jeté sur la place de Paris en avril 1833 par le Gouvernement de don Miguel, qui n'a pas été reconnu par le Gouvernement français. Le Portugal se trouvait alors dans le fort de la guerre civile et l'emprunteur ne faisait appel aux fonds étrangers que pour soutenir la lutte où il devait succomber peu après. *Les prêteurs ont pu connaître le caractère de l'entreprise à laquelle ils associaient leurs capitaux et en apprécier les risques.* Nous ne voyons, par suite, aucune règle de droit international dont nous serions en situation de nous prévaloir *pour demander au Gouvernement actuel du Portugal de prendre la charge d'un emprunt qui devait être dirigé contre lui à l'origine.....*

(*Suit le Rapport Bonjean lu au Sénat Impérial en 1862.*)

M. le Ministre constate que depuis 40 années les créanciers de 1832 ont été éconduits par les divers gouvernements.

Mais ne sait-il pas au contraire *que depuis 40 années leur situation n'a été examinée que deux fois par les Chambres, et deux fois en leur faveur,* savoir : *le 29 avril 1853* où le Sénat a proclamé *leur droit* **certain et indiscutable** *et le 10 juillet 1880 par la Chambre actuelle?*

Ne sait-il pas que le prétendu Rapport Bonjean de 1862 n'était qu'une *simple réponse faite par les bureaux de son ministère pour se débarrasser de cette question, et pas autre chose?* Pourquoi choisir maintenant cette pièce *qui sert le gouvernement Portugais et ses intérêts actuels? Pourquoi laisser tout le reste dans l'ombre, même les récents jugements qui ont infirmé d'une manière absolue ce prétendu rapport de 1862,* en mettant à jour les erreurs grossières qui s'y trouvent consignées. (1)

NOTE IMPORTANTE

1. Les conclusions du Rapport Bonjean roulent tout entières sur les assertions suivantes : « Que sur les *quarante mille titres* dont se composait l'Emprunt 1832, *trois mille seulement* auraient été régulièrement émis *depuis le 3 avril 1833 jusqu'à la chute du gouvernement de D. Miguel, le 31 août suivant, et que le Portugal aurait encaissé seulement le prix de ces trois mille titres ou* DEUX MILLIONS ET DEMI DE FRANCS.

« QUANT AUX TRENTE-SEPT MILLE TITRES RESTANT, *ils ne seraient que des*

Ces jugements n'ont-ils pas cependant jeté la lumière complète sur *les conditions réelles, précises,* où cet emprunt a été contracté avec des banquiers français, **le 16 juillet 1832, par le gouvernement portugais d'alors, fonctionnant depuis 1828, ayant émis quatre emprunts**

chiffons de papier frauduleusement jetés sur le marché de Paris par un dépositaire infidèle plusieurs années ensuite et vendus à vil prix.

« Donc la presque totalité de l'Emprunt ne représentant aucun versement effectif, ceux qui en détiennent les titres ne sont que des *agioteurs,* des *spéculateurs indignes d'intérêt, et faisant du chantage* (sic), etc. etc. etc... »

C'est aussi sur cette donnée que le Gouvernement Portugais a entrepris en 1879 un procès en diffamation contre les obligataires de 1832.

Or il a été prouvé devant les tribunaux *par preuves authentiques et officielles tirées de la Chambre syndicale des agents de change de Paris et des pièces produites par le Gouvernement Portugais lui-même,* que *durant les trois mois qui ont suivi l'émission,* **vingt-sept mille titres** *avaient été régulièrement négociés à Paris et que le Portugal avait encaissé une somme effective de* **vingt millions de francs** avant la chute de D. Miguel.

Il est établi également que les **treize mille titres restant,** *sont encore aujourd'hui même entre les mains du représentant du Gouvernement Portugais chargé de la négociation de cet emprunt en 1832, et qu'ils sont restés depuis lors dépourvus des signatures nécessaires à leur émission. Ce dépositaire est* M. Ribeiro Saraïva *ancien ministre du Portugal, à Londres et y demeurant encore, 31, Nottingham street, Marylebone.*

Lettre adressée par M. Saraïva, *au Président de la Commission de Réclamation, le 21 mars* 1880.

« Londres, 21 Nottingham street, Marylebone (W) le 21 mars 1880.

« Monsieur.....

« Vous savez peut-être que **j'étais ici le Représentant du roi D. Miguel et du gouvernement du Portugal à cette époque et c'était avec moi et avec notre consul, M. Sampayo, que les contractants de l'Emprunt s'entendaient sur tout ce qui concernait le dit Emprunt...** Plus tard le célèbre Ouvrard a obtenu des pouvoirs pour régler absolument toutes ces affaires financières.....

« *J'ai cependant réussi à empêcher péremptoirement M. Ouvrard de jouer au Portugal un tour ;* **en me refusant absolument de signer un immense tas de titres qu'il tachait de faire son propre profit** au grand embarras et grande perte future du Portugal ainsi que de ceux qui seraient tombés dans le filet qu'il tendait à la crédulité publique.

« Quand on m'apporte le tas de titres..... *je l'ai non seulement refusé de signer mais je les ai gardés,* et **j'en ai là le tas.**

« Peut-être, Monsieur, ces informations ne manqueront pas d'intérêt.

Agréez, etc.

Signé : A. Ribeiro Saraïva.

Que devient donc le Rapport Bonjean en face de cette situation si parfaitement claire ? Pourquoi, *à la veille d'un Emprunt Portugais, M. le sous-secrétaire d'État persiste-t-il à en ressusciter les fausses assertions toujours et quand même ?*

intérieurs reconnus et payés depuis, dont les lois sont encore en vigueur, la monnaie en circulation, etc.

Ignore-t-on que le gouvernement français traitait depuis 1828 avec le gouvernement portugais, et que, *le 20 avril 1833, un mois après que l'émission publique de l'emprunt avait été autorisée à la Bourse, le Moniteur officiel enregistrait en tête de ses colonnes un traité conclu entre le gouvernement français et le gouvernement portugais ?*

Pour le rédacteur de cette lettre, comme pour les avocats du gouvernement portugais devant les tribunaux, *les rentiers français qui, en 1833, ont placé leurs économies sur la* **Rente Portugaise 5 0/0 à 71 francs, sept cent dix francs par titre de 5 0/0 rapportant cinquante francs,** c'est-à-dire **beaucoup plus cher que la dernière émission portugaise ; ceux qui ont acheté ce fonds public coté à la Bourse par l'intermédiaire des officiers ministériels appelés agents de change ; qui ont, le plus souvent, réalisé pour cela des rentes françaises dont le revenu n'était guère supérieur à celui de cette rente Portugaise** (1); CEUX-LA AURAIENT ASSOCIÉ LEURS CAPITAUX A UNE ENTREPRISE DONT ILS APPRÉCIAIENT LES RISQUES! *A eux de prévoir que le gouvernement portugais changerait de mains deux ans plus tard et que l'État ferait banqueroute de cet emprunt 1832, mais sans renoncer à exiger judiciairement des souscripteurs non encore libérés leurs derniers versements au trésor !* (2)

Après avoir établi que le Portugal *ne doit rien* aux nationaux qu'il a ruinés, **même pas les versements effectués entre les mains du gouvernement portugais actuel,** la lettre ministérielle conclut en disant que *peut-être* on pourrait faire utilement appel à la *bienveillance et à l'équité* du gouvernement portugais.

---

1. La rente française 5 0/0 valait 74 francs en 1831, *trois unités de plus seulement que la Rente Portugaise.*

2. On sait que de 1834 à 1840. après la chute de D. Miguel le Gouvernement de D. Maria, sa nièce, a **poursuivi devant les tribunaux à Paris et à Londres les souscripteurs non encore libérés de 1832 et les a obligés à payer.**

L'avocat de la République CALARY a ainsi apprécié comment depuis 40 années le Portugal se montre sensible à ces considérations :

Puis sont venus des tentatives de transaction entre les Porteurs et le Gouvernement Portugais, *pure comédie....., jouée par le gouvernement de Lisbonne, à certains moments où il songeait à émettre de nouveaux emprunts, pour empêcher des réclamations de nature à nuire à l'émission projetée ;*

(*Le Droit, journal des Tribunaux, 8 janvier 1880.*)

IX

Déclaration faite au timbre pour l'émission. — Insistance pour la publication immédiate de la lettre ministérielle. — Contrat définitif d'emprunt. Dépêche mise en circulation par le gouvernement portugais.

23, 25 et 27 novembre 1880.

Le même jour, *23 novembre* et quelques heures après **l'apparition de cette lettre ministérielle**, le Comptoir d'Escompte faisait au timbre *la déclaration réglementaire et payait le droit au fisc pour être autorisé à faire son émission.*

On sait que le droit de timbre sur les émissions d'emprunts étrangers constitue un impôt des plus lourds.

Observation intéressante ! Quand les futurs émissionnaires se décidaient à faire cette avance importante, *ils n'étaient même pas encore nantis du contrat définitif d'emprunt lequel n'a été signé avec le gouvernement portugais que quatre jours plus tard, le 27 novembre.* Il leur suffisait peut-être d'apprécier les avantages à retirer de la *lettre ministérielle* produite le matin même.

En même temps on faisait *des instances* auprès du député rapporteur (auquel selon l'usage on avait dû remettre la réponse) pour qu'il la fît imprimer au *feuilleton hebdomadaire* du surlendemain 25 novembre.

Enfin, le 27 novembre seulement, **trois jours après
la lettre ministérielle** et la *déclaration au timbre*, *le contrat provisoire* d'emprunt signé le 16 était échangé à Lisbonne contre un *traité définitif*.

Et le gouvernement portugais faisait alors *mettre en circulation* dans les journaux anglais, belges et hollandais la dépêche suivante :

Dépêche télégraphique de Lisbonne.

Les difficultés qui se présentaient par rapport à l'émission du nouvel emprunt à Paris *viennent d'être enfin complètement vaincues.*

(*Daily News, Allgmeen Handelsblad, etc., etc., etc.,
premiers jours de décembre.*)

En même temps les journaux de Paris annonçaient officieusement l'émission pour le 15 décembre.

X.

Nouvelles insistances. — On subordonne l'arbitrage proposé à la publication de la lettre. — Retrait de la demande d'arbitrage.

12 décembre 1880.

Cependant le député rapporteur n'avait pas livré à la publicité la lettre ministérielle, *malgré des instances réitérées sous différentes formes.*

Il réclamait des modifications pour sauvegarder les intérêts nationaux. **Elles lui furent refusées.**

Vers le 10 décembre, on fit savoir aux pétitionnaires eux-mêmes qu'on soupçonnait de prolonger ce retard, que la *proposition d'arbitrage remise par eux, deux semaines auparavant pour être transmise de suite au gouvernement portugais,* **était encore dans les cartons du ministère,** *et qu'elle ne les quitterait pas avant le jour où la réponse ministérielle aurait été officiellement publiée.*

Les pétitionnaires qui attendaient avec anxiété la réponse du gouvernement portugais, alors que leur demande n'était même pas partie, comprirent aussitôt qu'ils devaient retirer cette demande, puisqu'en même temps on fournissait au gouvernement portugais le moyen de les repousser. La demande d'arbitrage fut retirée.

XI

Publication simultanée de la lettre ministérielle et de l'émission du futur emprunt portugais.
16 décembre 1880.

L'émission annoncée d'abord pour le *15 décembre* n'avait pas eu lieu.

Mais le 16 décembre, les journaux du matin l'annonçaient officiellement pour le 20.

Et le 16 décembre a midi apparaissait aussi *insérée d'office*, au feuilleton de la Chambre, *la réponse ministérielle*.

Enfin ce feuilleton n'était même pas encore imprimé qu'une personne se présentait aux bureaux des procès verbaux de la Chambre pour en retenir les premiers exemplaires.

Cette personne *déclarait venir* de la part de *M. le Ministre du Portugal à Paris*.

XII

Question posée à M. le sous-secrétaire d'État du département des affaires étrangères.
Chambre des députés. — Séance du 18 décembre 1880.

Deux jours avant l'émission, la question suivante a été posée par M. le député rapporteur à M. le sous-secrétaire d'État au département des affaires étrangères.

(Extrait du Journal officiel du 19 décembre 1880.)

M. Marion. Je demande à M. le Ministre des affaires étrangères, ou plutôt à M. le sous-secrétaire d'État, pourquoi dans la réponse qu'il a faite à la Chambre, le 23 novembre, il a introduit un document *qui n'avait rien à faire là,* pourquoi il a fait une réponse qui ne pouvait qu'être *défavorable aux pétitionnaires que la Chambre entendait protéger.* Lorsque cette réponse m'a été communiquée comme rapporteur, je l'ai trouvée peu conforme au respect dû aux décisions de la Chambre......

Ce que je trouve mauvais, ce que je reproche précisément à M. le sous-secrétaire d'État, c'est que cette réponse qui m'a été transmise *a été insérée d'office jeudi dernier* dans le feuilleton de la Chambre, *alors que j'ai encore dans mon portefeuille la réponse même du ministre.*

XIII

Réponse faite par M. le sous-secrétaire d'État.

M. Horace Choiseul, *sous-secrétaire d'État aux affaires étrangères.* Si je demande la permission de dire quelques mots au sujet de la réponse faite par M. le Ministre des affaires étrangères, la Chambre peut être assurée des efforts que je ferai pour qu'aucune de mes paroles ne puisse avoir *une influence sur l'emprunt portugais qui s'ouvrira le lundi 20 décembre.*

Nous avons accepté une question sur un point précis : pourquoi le ministre des affaires étrangères a-t-il inséré dans une réponse qu'il faisait à la commission, un document de M. le président Bonjean ?

La réponse est très simple pour nous. C'est pour la sixième fois, comme vous le disait l'honorable M. Marion, que les porteurs de titres portugais se présentent devant les Chambres françaises. Chaque fois la réponse a été la même de la part du département des affaires étrangères et des considérations qui la dictaient ont été mises en lumière par un rapporteur, M. le président Bonjean, qui avait, sur ce point, tiré ses renseignements du département des affaires étrangères. Voilà pourquoi il nous a paru utile de faire passer sous vos yeux, Messieurs, un document qui reflétait d'une façon exacte l'opinion commune aux différents ministres des affaires étrangères qui se sont succédé.

Notre honorable collègue nous a aussi demandé pourquoi nous

avions choisi le moment actuel pour la publication de ce document et tout à l'heure il s'étonnait que la réponse que nous lui avions adressée ait été publiée et immédiatement *et sans son concours,* au feuilleton de la Chambre.

Le ministre des affaires étrangères a pensé que, du moment qu'une réponse avait été adressée à la Chambre, elle devait devenir publique (Très bien!), et appartenir à la Chambre tout entière (Très bien! très bien!). Et notre président, à qui j'ai soumis le cas, s'est contenté de me demander de lui donner un double de cette réponse; et le lendemain la réponse a paru au feuilleton de la Chambre.

Pourquoi avons-nous exigé cette publicité que M. Marion trouve rapide? Parce que nous avons voulu nous maintenir dans les termes de votre règlement. Votre règlement accorde un délai de six mois au ministre pour répondre aux pétitions de la Chambre. Le rapport de la pétition a été fait le 12 juillet. C'est par conséquent le 12 janvier que devait expirer ce délai. Mais la Chambre venant à se séparer prochainement, il était peu probable que le ministre des affaires étrangères eût la latitude de reproduire dans les délais réglementaires sa réponse, si elle n'était pas reproduite dès cette semaine.

Messieurs, il y avait encore une autre raison, **qui a fixé pour nous le jour de la publication de notre réponse, cette raison est celle qui nous a obligés à la retarder jusqu'à mainte- nant.** *C'est qu'il y avait un procès,* auquel faisait allusion M. Marion, *procès pendant devant la cour d'appel;* et le département des affai- res étrangères **a cru bon d'en attendre la solution.**

M. le sous-secrétaire d'Etat dit trois choses:

1º Qu'à six pétitions soumises aux Chambres, *la réponse a toujours été la même* pour éconduire les pétitionnaires.

2º Qu'il n'était pas libre de produire *sa lettre plus tard* pour se conformer au règlement.

3º Qu'il n'était pas davantage libre de la produire *plus tôt* parce qu'il attendait une solution judiciaire pour la rédiger.

On aurait pu lui objecter :

1º Qu'il venait de répéter à la tribune la même erreur que dans sa lettre du 23 novembre, attendu que sur les six pétitions dont il parle, *deux seulement ont été discutées par les Chambres,* et toujours dans un sens favorable aux intéressés, savoir le 29 avril 1853 où le Sénat a proclamé leurs droits *certains et indiscutables*, et le 10 juillet 1880, devant la Chambre actuelle.

Que le rapport Bonjean de 1862 *qu'il met seul en avant* avait été, comme on le sait, rédigé pour débarrasser les bureaux des affaires étrangères de la réclamation, que ce rapport *formellement infirmé* par deux décisions judiciaires *n'avait plus aucune valeur.*

2° Que le *Règlement* accordait jusqu'au *12 janvier* pour répondre. Or que c'était *dès* le *23 novembre* que cette réponse était apparue, *subitement*, **à cheval** *tout à la fois* **sur deux traités d'Emprunt portugais, l'un provisoire, l'autre définitif** *et quelques heures avant la déclaration faite au timbre par l'émission ;* que le règlement expliquait d'autant moins cette triple coïncidence que la réponse venait alors d'être annoncée aux pétitionnaires *pour janvier 1881 et dans un sens tout différent.*

Que l'insistance *immédiate et répétée sous toutes les formes mise à faire publier cette réponse, les retards successifs* apportés en même temps à l'émission projetée par le Portugal à Paris, enfin **l'annonce simultanée** *de cette émission et la publication de la lettre ministérielle, le même jour, à quelques heures de distance,* pouvaient autoriser à croire que *M. le sous-secrétaire d'État* s'était intéressé davantage *à faciliter les combinaisons successives du Gouvernement Portugais qu'à protéger le règlement de la Chambre et les intérêts nationaux.*

3° *Que le jour où devait paraître cette réponse ne pouvait pas davantage avoir été retardé par l'attente d'une solution judiciaire puisque cette solution judiciaire était intervenue le 17 juillet* **cinq mois plus tôt.** Qu'en outre il était difficile de supposer que l'auteur de la lettre eût voulu s'inspirer de la solution judiciaire en question, puisque cette lettre reproduisait au contraire *les même assertions que celles anéanties par les tribunaux.*

XIV

Réplique ajournée. — Interpellation.

Tels étaient les points que le public espérait voir tout au moins indiqués dans une réplique, puisque l'honorable rapporteur n'avait pu développer préalablement la question.

Cette réplique paraît avoir été refusée également :

M. Marion. Je demande à répondre.

M. le président. Permettez, monsieur Marion, une première question a été posée à M. le Ministre des affaires étrangères.

M. Marion. Je n'ai pas eu le temps de la développer. La parole m'a été retirée.....

Le règlement est formel : on a toujours la parole après un ministre.

Vous m'avez retiré la parole avant que j'aie eu le temps de m'expliquer. Vous avez entendu la réponse, sans avoir entendu développer la question. Je demande donc à répondre quelque mots.....

M. le président, je retire ma question, puisqu'on n'a pas voulu m'entendre, *me réservant*, comme je l'ai dit, *d'interpeller le Gouvernement à la prochaine séance.*

Voici le texte de cette interpellation déposée le 21 décembre :

« Je demande à interpeller M. le Ministre des affaires étrangères sur la lettre qu'il a adressée à la Chambre le 23 novembre dernier et qui a été insérée dans le feuilleton du 16 décembre, en réponse à une résolution de la Chambre, devenue définitive depuis le 21 juillet.

« J'estime que cette réponse ne respecte pas les droits de la Chambre, puisqu'elle renferme un document provenant du Sénat impérial, plein de chiffres inexacts et d'assertions erronées, document qui, du reste, se trouve infirmé par deux récentes décisions judiciaires et dont les conclusions ne sont pas conformes à la décision de la Chambre.

« J'estime aussi que cette réponse peut être nuisible à des intérêts français que la Chambre a pris sous sa protection, et cela pour favoriser les combinaisons d'un gouvernement étranger. »

La discussion de cette curieuse interpellation révèlera sans doute au public, à quel *mobile particulier* a dû céder M. le sous-secrétaire d'État pour abandonner tout d'un coup les intérêts français dans une *circonstance aussi délicate.* (1)

1. Pour des raisons que le lecteur peut apprécier, le Gouvernement Portugais s'est abstenu de reproduire la lettre ministérielle dans les *journaux de Paris*.

Mais la traduction en a paru aussitôt *dans toute la Presse Portugaise*, avec la réflexion suivante :

« Enfin, voilà un document important et qui porte **un coup terrible aux « exigences des porteurs de l'Emprunt 1832**, dont les réclamations n'au- « ront plus désormais **aucune chance de triompher contre nous.** »

Lisbonne, 4 janvier 1881.

(*Commercio Portuguez. — Jornal do Commercio. — Jornal da Manhã. Revista do Norte.*)

Paris. — J. Mersch et Cte, imp., 8, rue Campagne-Première.

www.ingramcontent.com/pod-product-compliance
Ingram Content Group UK Ltd.
Pitfield, Milton Keynes, MK11 3LW, UK
UKHW020003130726
13694UKWH00005B/2062